AF322019

RECUEIL
DE CARTES ET DE PLANS

POUR

SERVIR A L'INTELLIGENCE

DES PRINCIPES DE STRATÉGIE

DÉVELOPPÉS PAR L'HISTOIRE

DE LA

CAMPAGNE DE 1796 EN ALLEMAGNE.

SAVOIR.

Carte du théâtre de la guerre en Allemagne, l'année 1796.

Carte du théâtre de la guerre en
Allemagne, l'année 1796.

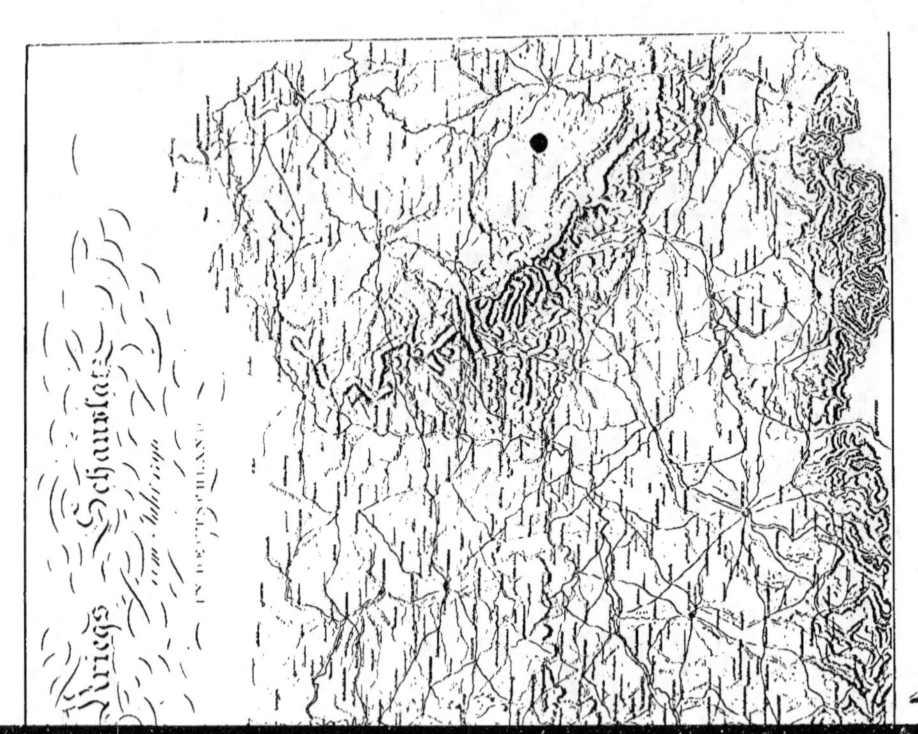

Kriegs Schauplatz

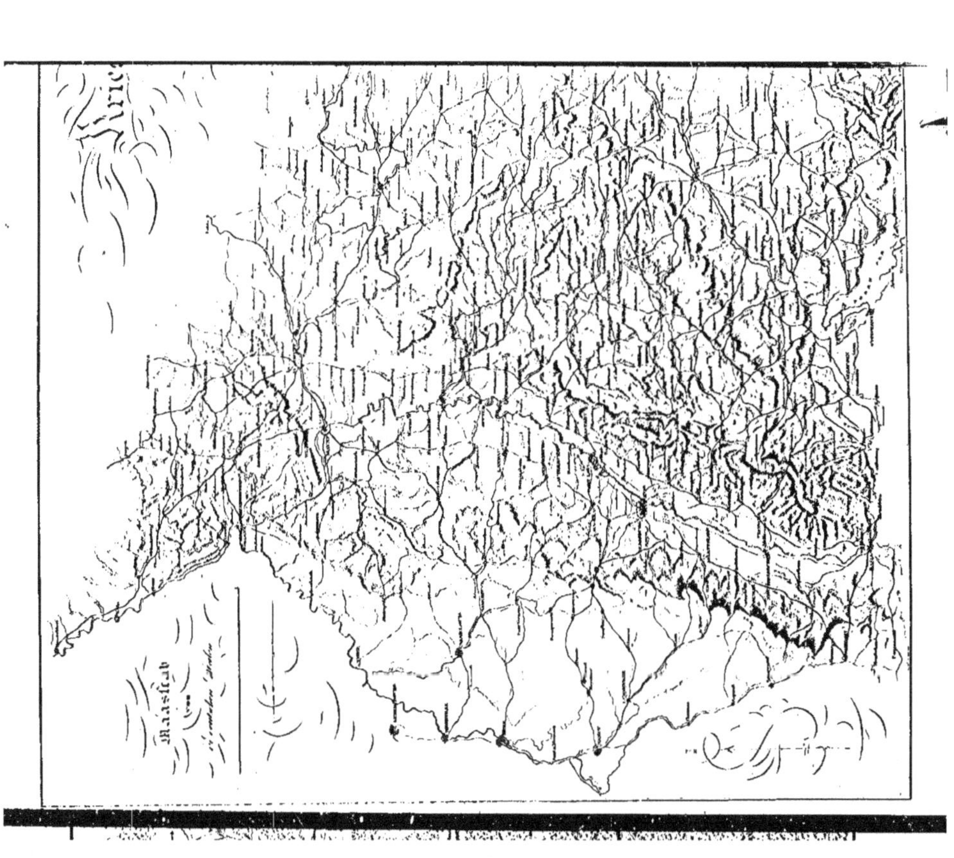

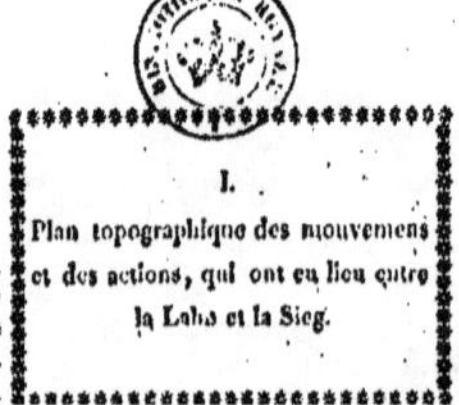

I.

Plan topographique des mouvemens et des actions, qui ont eu lieu entre la Lahn et la Sieg.

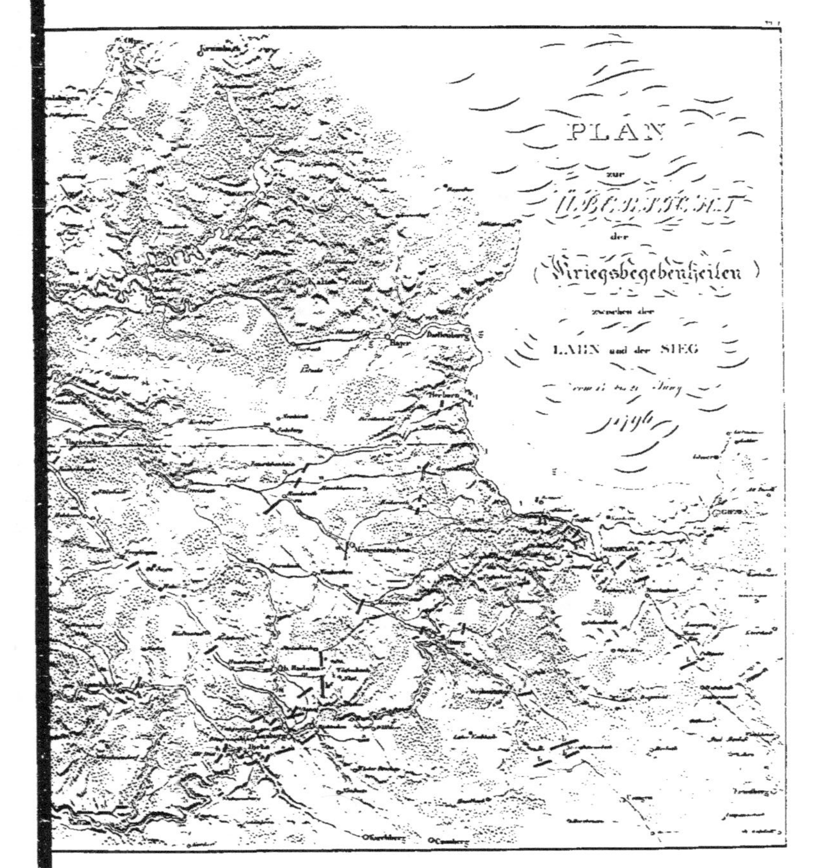

PLAN
zur
ÜBERSICHT
der
Kriegsbegebenheiten
zwischen der
LAHN und der SIEG

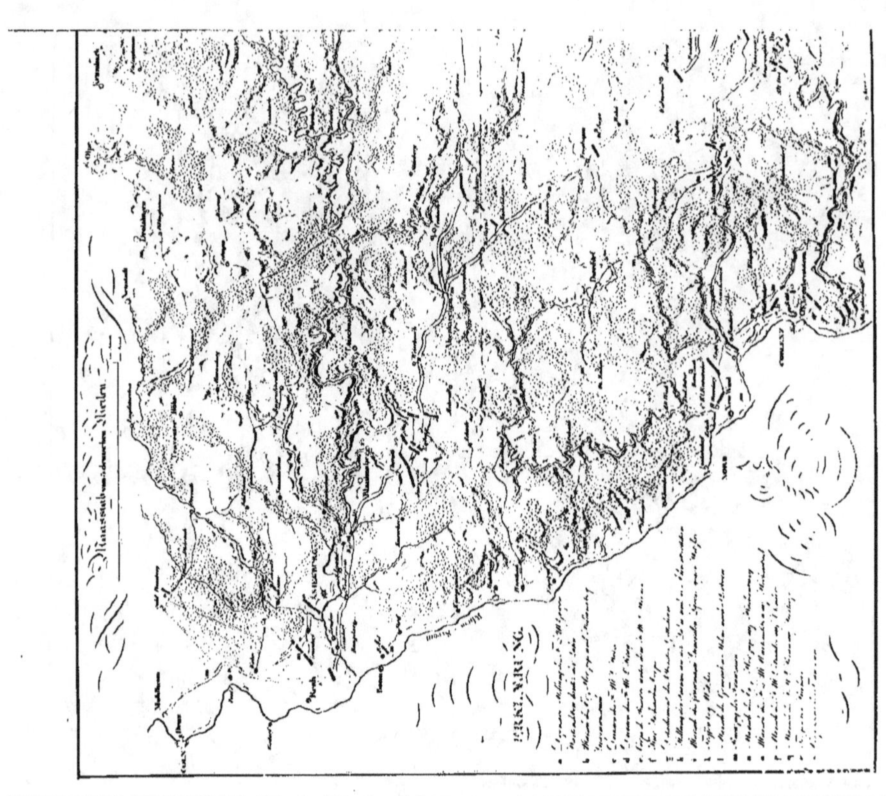

II.

Bataille de Malsch.

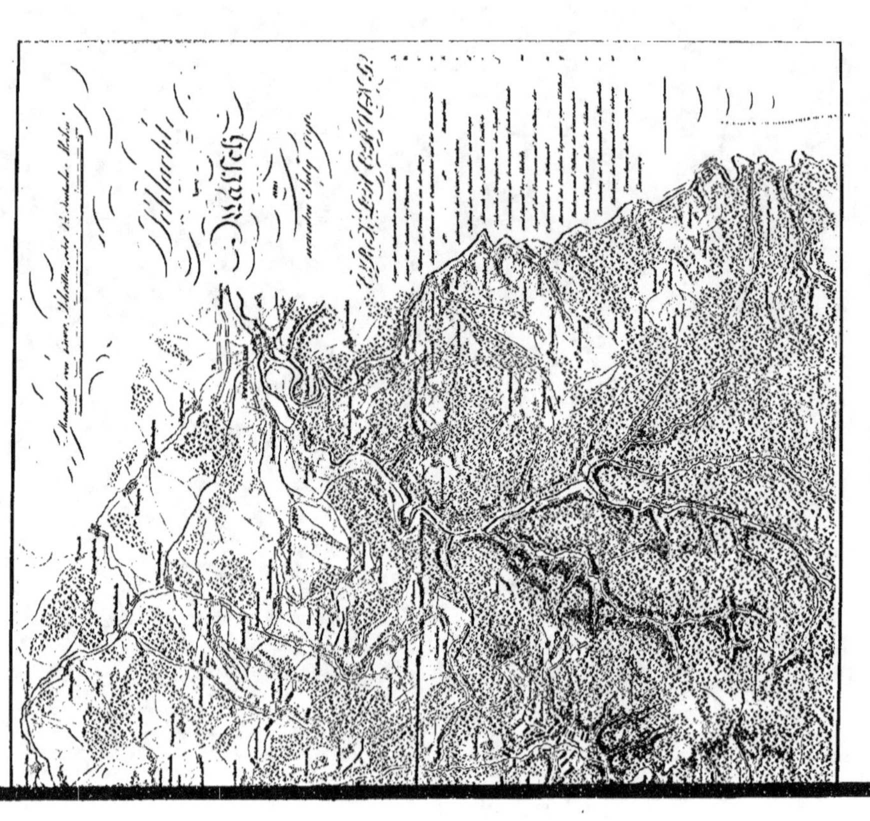

Schlacht
Massé

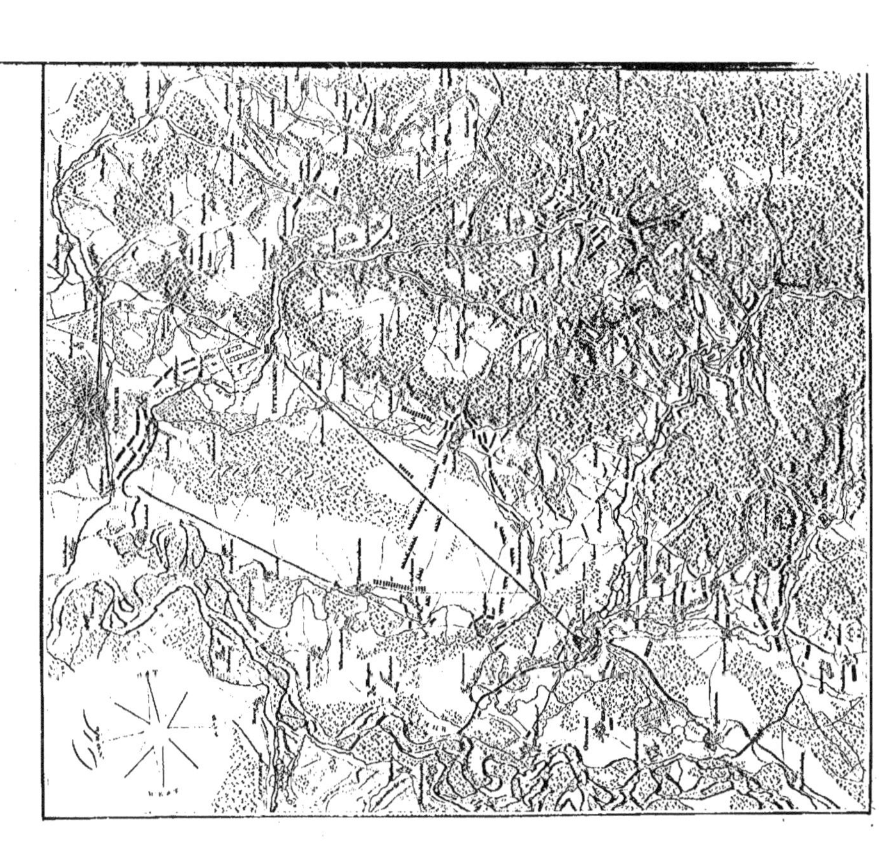

III.
Bataille de Nœresheim.

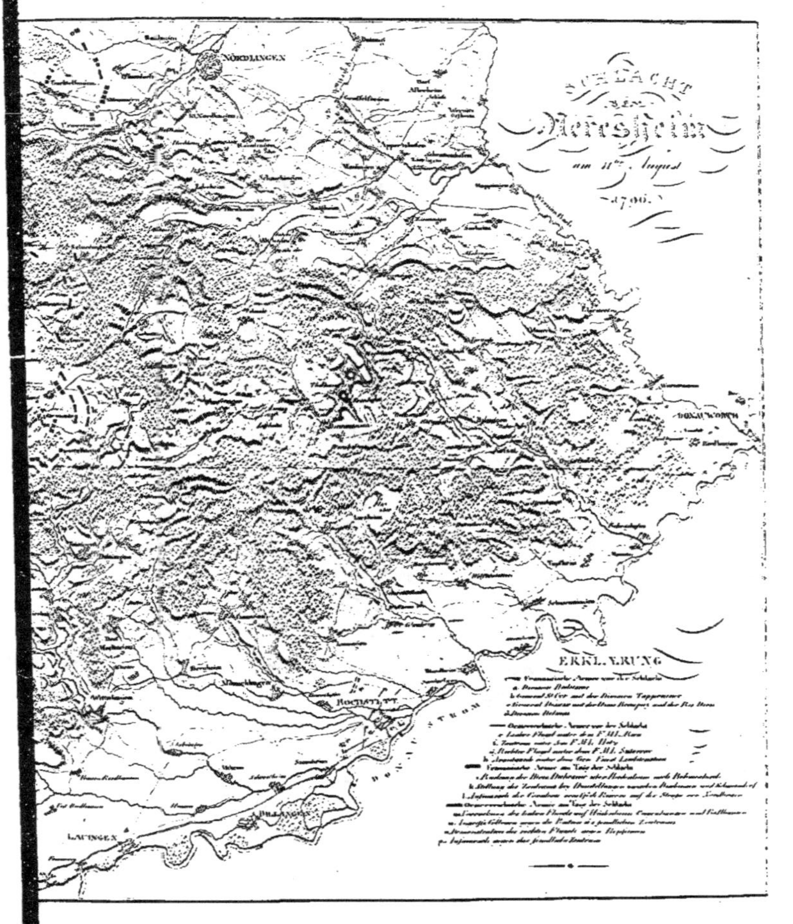

SCHLACHT bei NERESHEIM am 11ten August 1796.
NÖRDLINGEN
DONAUWÖRTH
HOCHSTÄDT
LAUINGEN
DILLINGEN
DONAU STROM
ERKLÄRUNG

NÖRDLINGEN

IV.
Bataille d'Amberg.

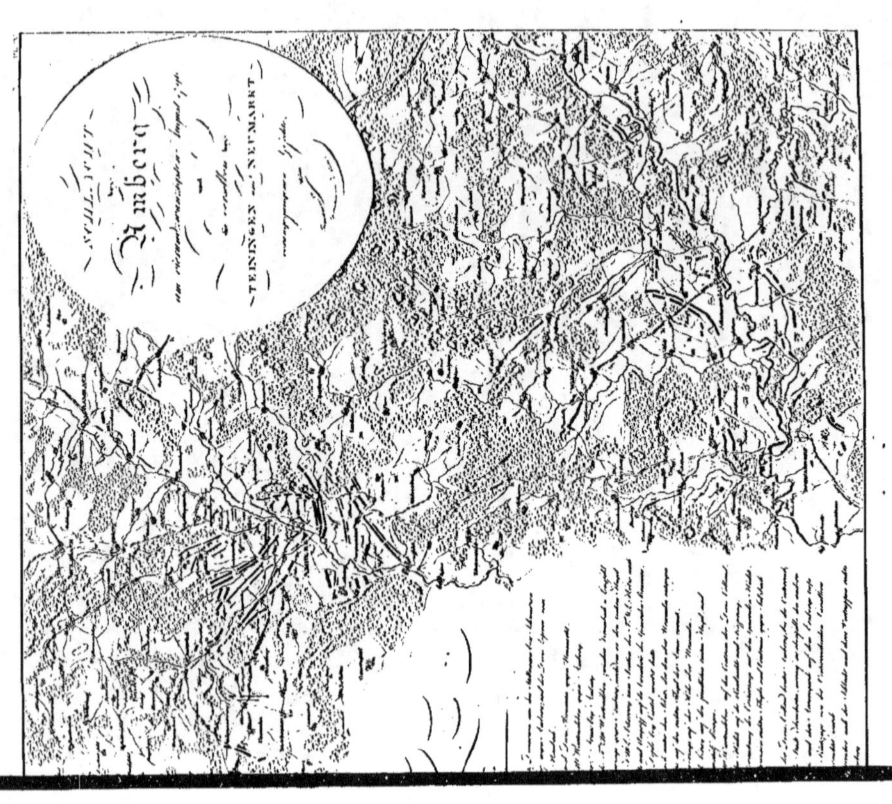

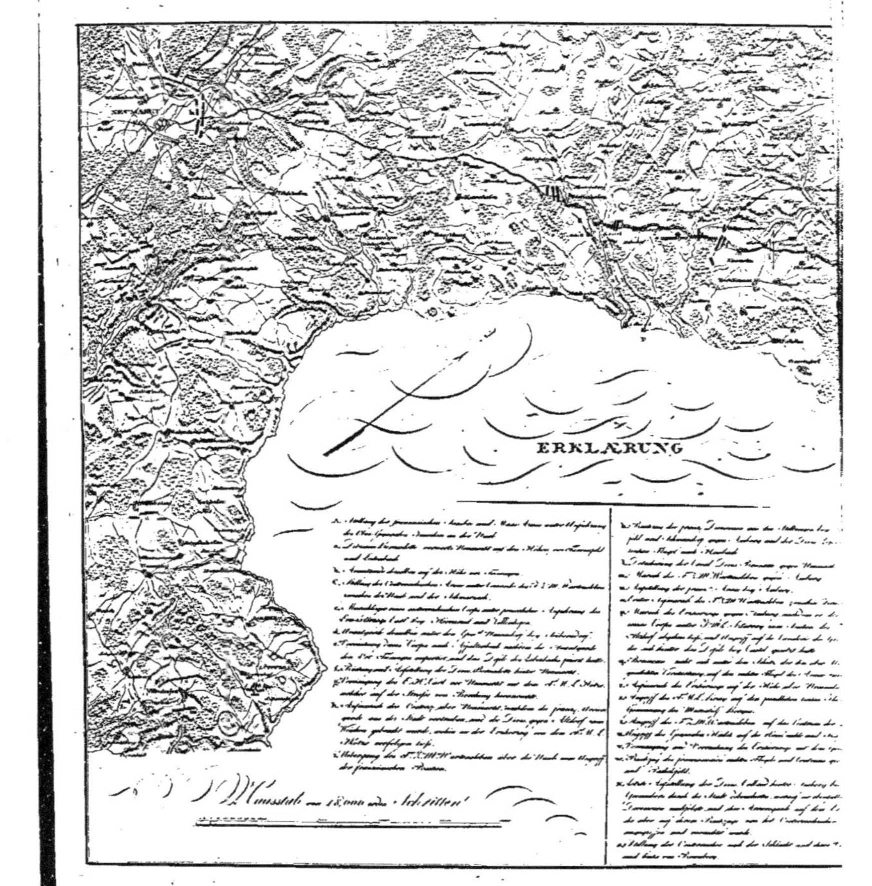

ERKLÆRUNG

V.
Bataille de Wurzburg.

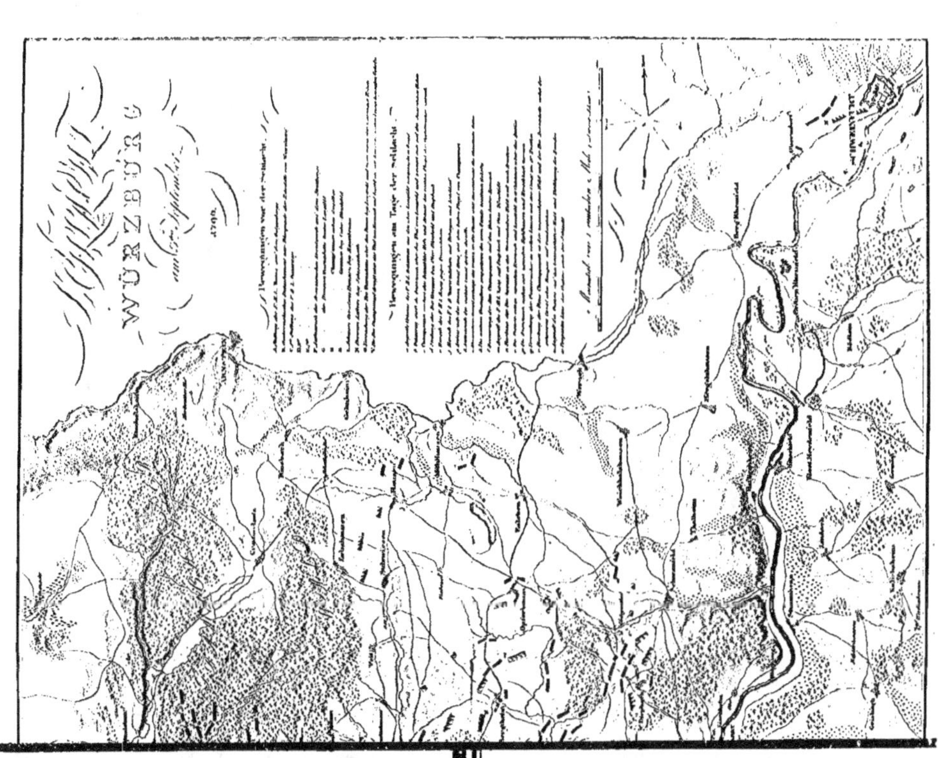

WÜRZBURG
am 3ten September
1796

CHATTANOOGA

VI.

Bataille de Biberach.

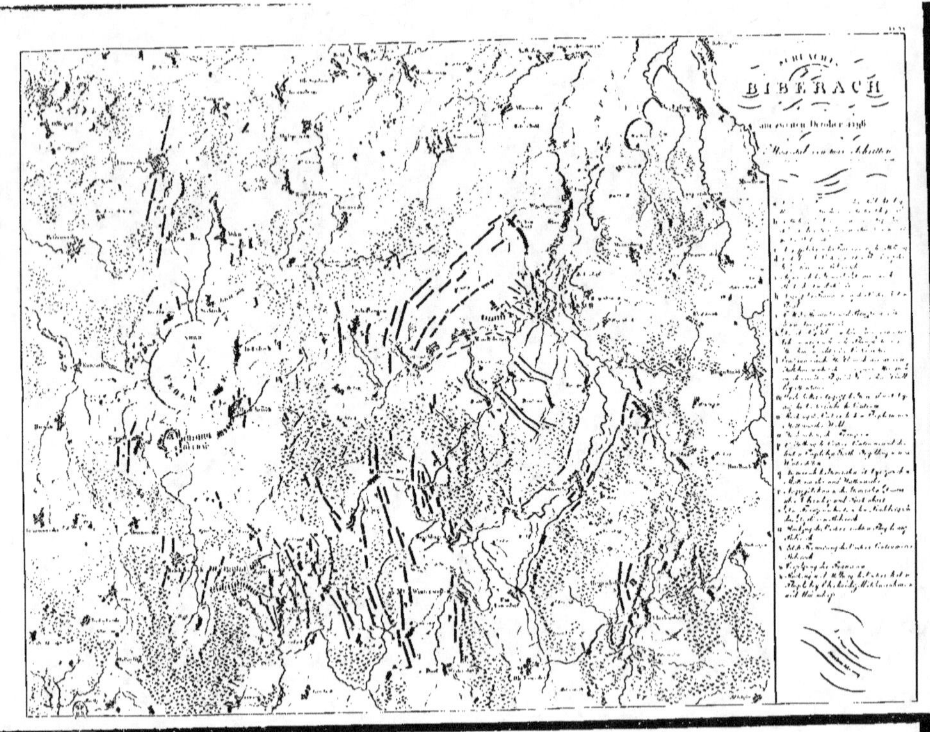

BIBERACH

VII.

Bataille d'Emmendingen.

Schlacht
bey
Emmendingen
den neunzehnten October
MDCCXCVI
ERKLÄRUNG
Maasstab
einer deutschen Meile.

VIII.

Bataille de Schliengen.

SCHLACHT bey Schliengen am XXIVten OCT. 1796.
Maasstab von Viertel der Meile

IX.

Siège de Kehl.

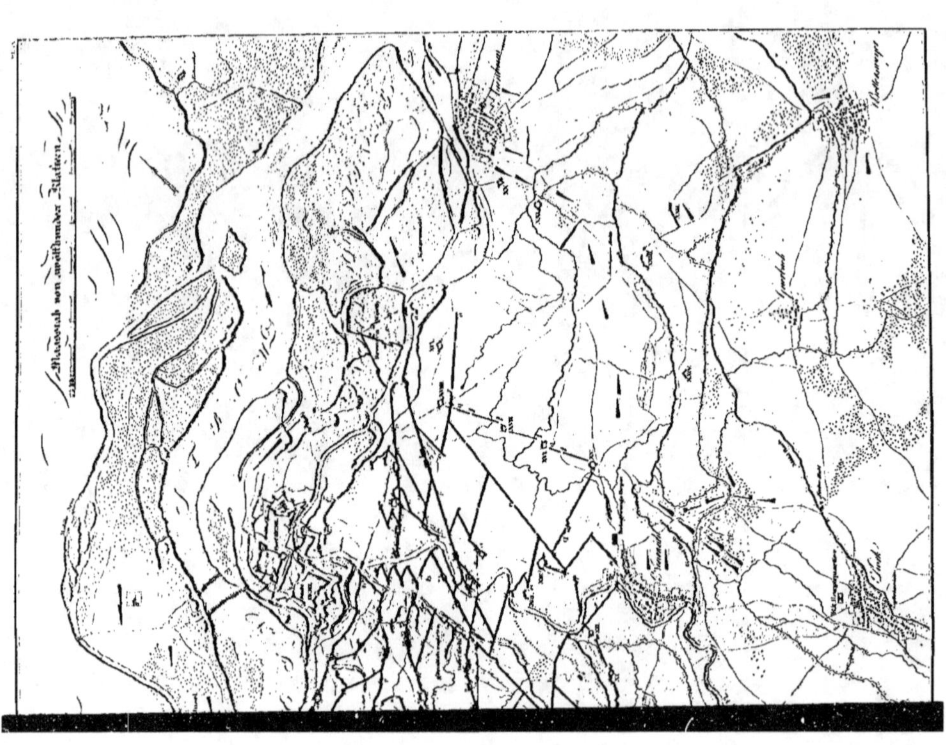

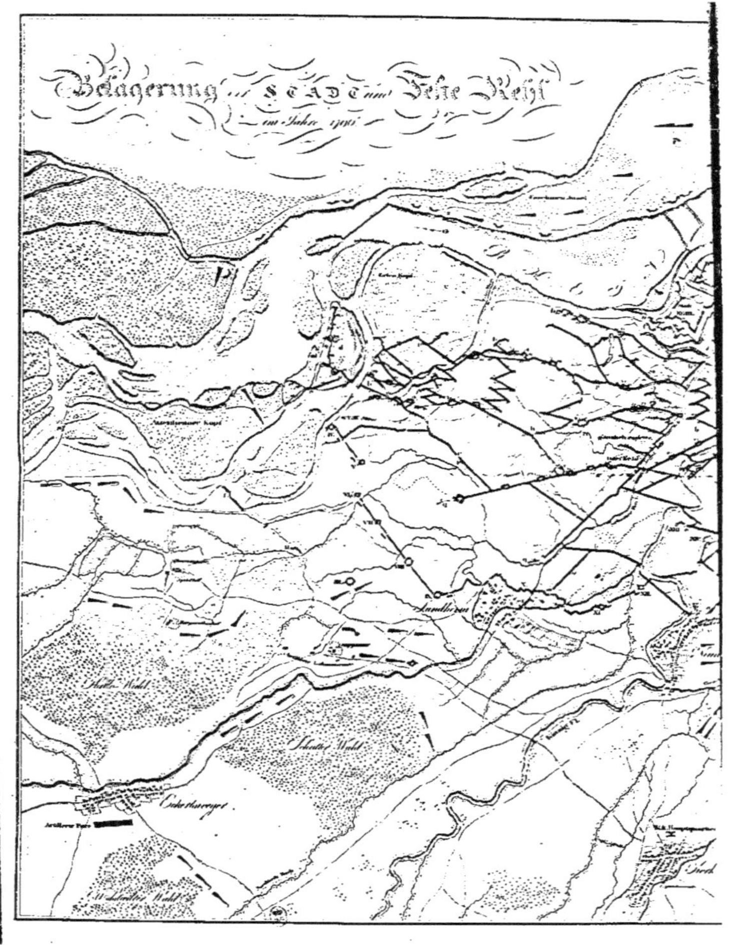

Belagerung der STADT und Feste Kehl
im Jahre 1703
Kinzig
Schutter Wald
Hutter Wald
W. Schutter Wald
Ochsenweyer
Artillerie Park
Sundheim

X.

Plan du camp retranché des François
à Kehl.

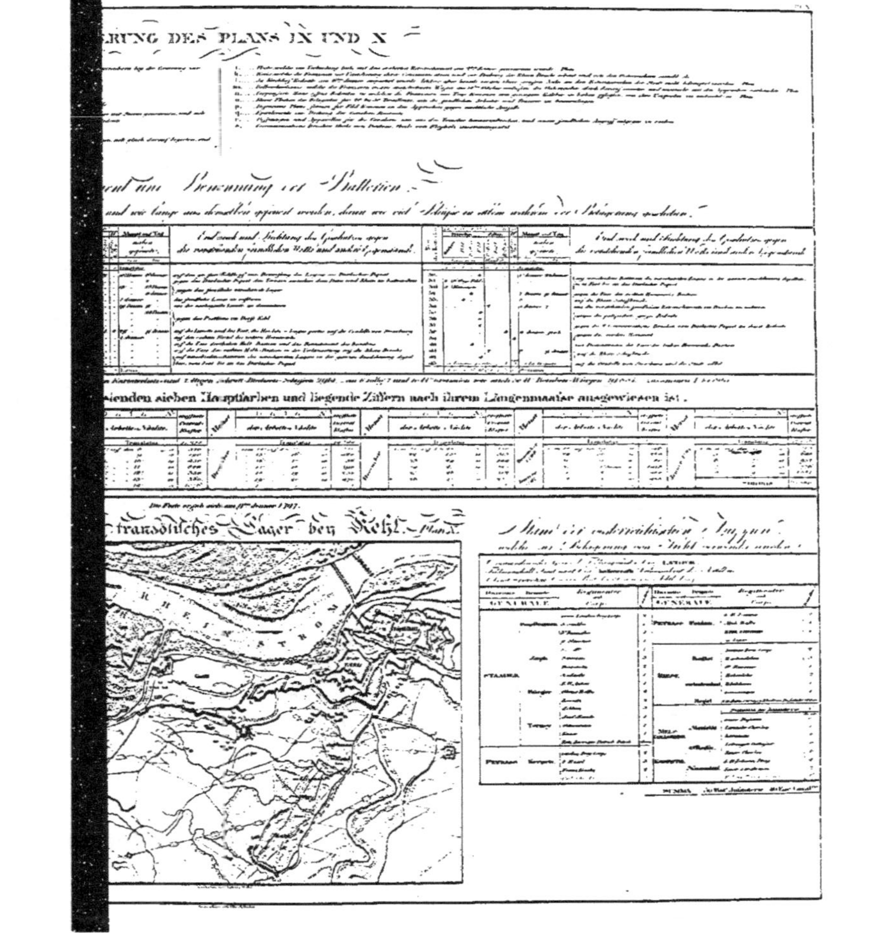

ERKLÄRUNG DES PLANS IX UND X
Französisches Lager bey Kehl.
RHEIN STROM

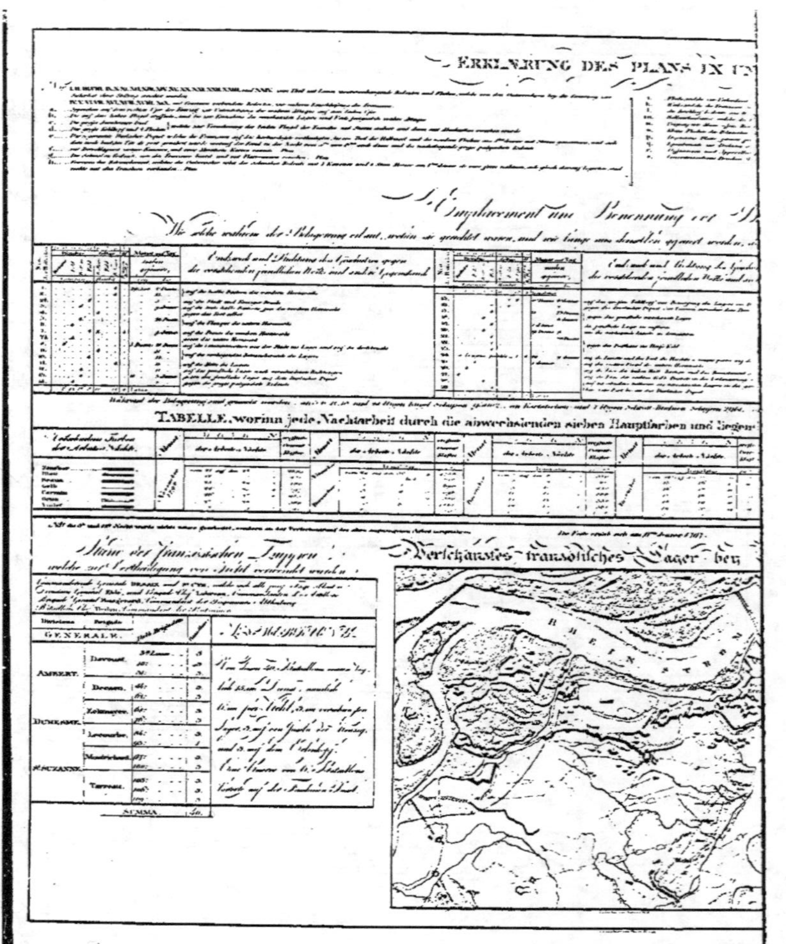
ERKLÄRUNG DES PLANS IX (?)
TABELLE, worinn jede Nachtarbeit durch die abwechselnden sieben Hauptfarben und liegen
Verschanztes französisches Lager bei
GENERALE
AMBERT.
DUMERANT.
S. C. RANN.
SUMMA.
RHEIN STROM

XI.

Siége de la tête de pont de Huningue.

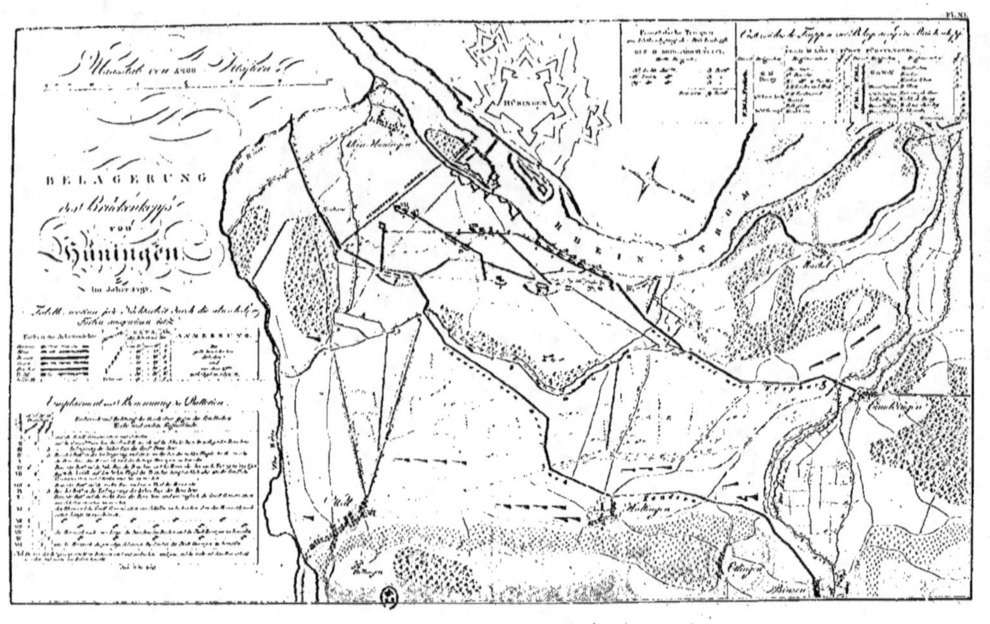

BELAGERUNG
des Brückenkopfs
von
Hüningen
im Jahre 1796.
HÜNINGEN
RHEIN-STROM
Pl. XI.